사랑의 환율

전윤호 시집

사랑의 환율

달아실시선
91

달아실

보조 용언과 합성 명사의 띄어쓰기 등 본문의 맞춤법은 시인의 의도에 따른 것임.

시인의 말

내 안에 돌배나무 한 그루
불꽃은 시들었지만
술 한 단지 감췄네
네가 오기 기다리며
향긋하게 익어가고 있다네

2025년 오월
전윤호

차례

사랑의 환율

시인의 말 5

1부. 사랑의 환율

매둔 동굴 12
돌배나무 14
내 시계 16
동창회 17
슬픈 항해 18
겨울 강 19
내 안의 오랍뜰 20
사랑의 환율 21
밤나무 블루스 22
밤노래 23
봄눈이 내려 24
불면 25
삼천 년의 잠 26
새벽 비 27
소나무 28
수마노탑 29
영이별 30
이별 노래 32
이별사 33
처녀치마길 34

초대 35
죽은 왕 36
호수에 지다 38

2부. 정선아라리 줍는 아침
서시 40
고향 41
구절구절 42
귀양살이 44
딱 천 년 45
딸 46
떼꾼 47
마음 한 그루 48
망명 49
물봉선 50
백정 51
버들이 우는 밤 52
사라진 여인 53
산돼지 사냥 54
쌍둥이네 55
여량 56

여량 아리랑　57
여울　58
이웃　60
주인　61
콧등치기　62
정선아라리 줍는 아침　64

3부. 흐르는 아이

고독에 대하여　66
고아　68
공주　69
귀신고래　70
달맞이꽃　71
불온한 필경사　72
사스래나무　75
삼베 수의　74
손님　75
시판돈　76
솔직한 아침　78
식은 접시　79
애완동물　80

장렬한 가을　82
징징 돼지　84
짬뽕과 짜장면　86
충고　88
팔호광장　89
하늘고기　90
환갑　92
흐르는 아이　94
호야　96

4부. 팔레스타인 아이에게
강가 다래나무　98
고양리 교회　99
그 나무— 최만헌에게　100
그 절　101
도롱이 연못　102
도원일기　104
두루마리사　105
멈출 수 없는　106
명당　107
밤기차　108
번영슈퍼　110

빈 아침　112
쑥갓에게　113
음나무 아래　114
입춘대길　115
장렬 과수원　116
지구인　118
파관　120
팔레스타인 아이에게　121
하늘길을 위하여　122
황천— 이종선에게　124

발문 _ 사랑의 환율론 • 방민호　126

//
1부

사랑의 환율

매둔 동굴*

불 옆에서 사슴을 구으며 너에게 물었지
내일은 호랑이를 잡아줄까
이만 오천 년 전
우리 동굴은 높고 넓어
지금보다 별이 많이 보이던 밤이었지만
네 눈동자에 일렁이는 불꽃보다 밝지 않았네

곰의 뼈를 갈아 작살을 만들면서
내일은 강에서 물고기를 잡겠다 했지만
그물을 빠져나가는 눈치처럼
너는 항상 팔보다 멀리 있더군
마음은 강 따라 멀리 내려간 뒤였네
일만 오천 년 동안 짝사랑이었지

이제 동굴은 묘지가 되고
가족들을 차례차례 묻었지만
고인돌 위로 뜨는 삼천 년 전 달을
여전히 혼자 바라보았네

이제 낙동리에는 가수리 가는 길이 닦이고
우리가 어름치 잡던 강은 지장천이 되었지만
나는 여전히 기다리네
우리들의 집 매둔 동굴에서
너와 함께 불을 지필 날을
밤하늘의 별보다 반짝이던 네 눈동자를

---

* 정선군 남면에 있는 선사유적지로 구석기 시대부터 청동기에 이르는 인류 거주 흔적이 남아 있다.

돌배나무

내 안에 돌배나무 한 그루
불꽃을 닮았지
널 만나면 꽃이 피고
봄이 시작되더군

그늘에 볕이 돌고
느긋한 고양이 지나가는데
흔들리는 가지에 기침하면
꽃잎이 입을 막았지

봄이 여름이 되듯이
꽃이 열매가 되듯이
넌 떠났지
신맛만 가득 채우고

내 안에 돌배나무 한 그루
불꽃은 시들었지만
술 한 단지 감췄네
네가 오기 기다리며

향긋하게 익어가고 있다네

내 시계

내 손목시계는 안 맞는다
시간도 틀리고
날짜도 요일도 제멋대로다
매일 아침 바늘을 맞추고
요일과 날짜를 고친다
그나마 차고 있지 않으면 멈추는
서툰 시계
숫자가 따박따박 초 단위까지 나오는
전자시계도 있고
틀릴 걱정 없는 휴대폰도 있지만
아기처럼 매일 고쳐주고 흔들어줘야 한다
너와의 약속을 한 시간 빨리 돌리고
막차 시간은 한 시간 늦추는 사람에겐
얼마나 소중한지
맘대로 차고 다니는
내 손목시계가 좋다

동창회

그리움이 전화를 하지
소년을 항아리 속에 절여놓고
수십 년 소녀를 꽃피웠다고
아직도 그 별은 하늘에 뜨고
달이 내려다보고 있으니
그리움이 전화를 하지
함께 걷는 골목마다 장미가 피었다고
오월은 가슴 속에 있고
우리는 하루씩 늙어가는데
누구를 위해서 새벽이 찾아올까
그리움이 전화를 하지
늦은 후회는 있어도
늦은 고백은 없다네

슬픈 항해

넌 가벼운 한숨이었지만
내 가슴엔 태풍이 불었다
멀리 왔다
산책이었을 뿐인데
돌아갈 길 머니
이쯤에서 그만둘까
어차피 지루한 여정이었다
아무도 기억하지 않는
항로는 잊혀지겠지
넌 가벼운 한숨이었지만
등대는 꺼졌다

겨울 강

내 안에 강이 있지
지금은 얼어붙어
흐르지 않는 강

낙석이 길 막고
돌아볼 때마다 얼어붙은 기억들이
꽁꽁 묶어버렸지

한숨이 쓸어가는 얼음판
때로 쩡쩡 금이 가는 건
어쩌다 네가 웃기 때문

서걱대는 오늘도 웅크리고
봄을 기다리네
벚꽃 한 잎 떨어져
나를 녹여주기를

내 안의 오랍뜰

아무리 추운 날에도
햇살 피는 마을 하나는 있지
아우라지 마시고 자라는 여량
그 여문 곡식 같은 자리에
박새도 참새도 꽃피는 찻집

신이 슬픔을 꺼낸다면
눈매 착한 호두와 밤이 뚝뚝 떨어져
하늘 한 자락 양보하고
마침내 아라리 한 소절로 피어나지
추우면 추울수록 양지바른 그 카페

사람이 사람에게 치이고
창밖에 마음 둘 자리 하나 없다면
태백선 기차라도 타고
여량으로 가볼 만하지
내 안의 오랍뜰은
오늘도 열려 있으니

사랑의 환율

당신이 사랑하는 사람은 당신을 사랑하지 않습니다
서운하다면 조금 고쳐드리지요
당신이 사랑하는 만큼 사랑하지 않습니다
애초에 다른 나라 사람이니
이 정도에서 만족할 순 없을까요
나를 사랑해주는 만큼 나도 사랑해
그런 경우는 드물더군요
손익을 따지고
관세를 올리기도 하지만
서로 다른 화폐라
같은 가치로 환전할 수 없네요
돌아서면 서랍 구석에서 녹슬어 갈
차마 바꾸지 못한 동전들
블랙홀이 되지 않으려면
여권에 철컥 스탬프 찍고 멀어지세요
꼭 이유을 남길 필요도 없잖아요
별들은 적당한 거리 두고 있을 때 빛납니다
당신이 사랑하는 사람은 당신을 사랑하지 않습니다

밤나무 블루스

올해도 밤은 깊었네
저리 많은 밤송이가 벌어지다니
심은 사내 떠나고
지친 여인 남은 집
투둑투둑 밤이 떨어지네
하얗게 잠을 말리네
강가엔 젊은것들
한밤을 불싸지르고
묶인 나룻배 흔들리는데
주인 없는 밤
딸 수 없는 밤
손톱 깊숙이 찔러오는 가시가
댕구르르 굴러오네
당신이 짓밟은 저 밤송이
하늘 보고 입 벌렸네
억수장마 지라고
아라리 부르네

밤노래

달을 후원하여
창가에 화분을 놓고
의자도 준비했습니다
구름에 가린 달이
보이지 않을 때도
의심한 적은 없지요
보름이면 환한 자리가
집안에 생기고
마을도 반짝입니다
때로 바람이 시기해도
달은 꽃을 지켜
이 밤도 외로운 사내가
당신 생각에
술잔을 기울입니다

봄눈이 내려

삼월 중순 꽃도 아직 없는데
싸락눈 날렸지
장독대 위로 내려 물이 되더군
발효하는 눈은
꽃을 피울까 죽일까
네 생각에 깬 한밤중
다시 내리네 쏟아지네
네가 내게 한 것처럼
마을을 뒤덮고
하얗게 만들었지
걱정하지 마
내일이면 사라질 테니
언제 그랬냐는 듯
흔적도 없이 사라질 테니
넌 꽃이나 피우렴

불멍

마지막으로 타올랐으니
이제 재가 되겠네
백동화로 품에서 잉걸불 한 번
달콤한 소멸
하룻밤 내 온기로 편안하시길

삼천 년의 잠

아우라지 별빛 총총한데
삼천 년째 누워 있지
대평원 건너 여기까지
사랑 하나 믿고 찾아왔으니
여독이 깊다네
다독이는 다정한 물소리
풀려난 봄이 겨울을 깨는 소리
청동 목걸이를 한 당신이
방추차로 실을 잣는 소리
아우라지 별빛 총총한데
강을 적시는 시간만 흘러
나는 여전히 꿈꾸고 있지
맨발의 아이와 당신이 오는
저 환한 조양강을

새벽 비

미치지도 않고
봄비를 맞을 순 없지

나는 전부 패하고
아래로 떠내려가네

이마에 앉아
눈알 쪼는 당신

더 멀리 날아가
여름을 보기를

소나무

난 서 있어요 끝이라 해도
발밑은 벼랑
시퍼런 물 흘러가지만

해가 지고 뜨고
천둥 울리고 번개가 머리를 후려쳐도
당신을 움켜쥔 마음은 그 자리지요

알아요 잎을 떨구고
죽어가고 있다는 걸
솔방울마저 마르면 기다림도 끝이 날까요

노을 저편 까마귀 날아가고
번지수 없는 어둠 밀려오는데
난 서 있어요 그게 전부지요
다른 자세는 몰라요

수마노탑

탑은 절벽 위에 서 있다
바위에 일곱 층 우주가 포개졌으니
발아래 지장천 온몸 내던져
지옥을 뚫고 가고
머리 위 함백산 세상 밝히는구나
만항재 오가며 눈이 붉어진 사람들
열목어처럼 정암사에 깃들어
다시는 만나지 못할 인연들
쨍그랑 쨍그랑 풍경에 걸리고
사랑은 언제나 가슴 찌르며 서 있으니
그대 절하며 소멸을 물으면
천만년 파도로 뭉친 돌인 양
말없이 정한 눈물로 씻겨주리

영이별

이승이면 가망이라도 있겠지
음나무 이편과 저편
귀신이라도 볼 수 있겠지

미련이 백발 되도록
끊어지지 않는 건 강물뿐

지하로 스며 흘러
십팔 층 불지옥을 지나간다 해도
한 번은 만날 줄 알았지

입이 굳고 뇌가 멈춰
할 말 못 한다 해도

내가 아는 우주
어디에도 없는 당신

이제 걸음을 멈추네
영이별인 줄 알겠네

이번 생에만

이별 노래

떠나는 사람은 하나지만
헤어지는 이유는 백만 개
함께한 날들이 물음표가 되어
온몸에 꽂힌다
서로 불꽃에 데이면서
혜성끼리 스쳐 지나갈 때
우주는 또 얼마나 넓은지
또 보자는 말은 하지 못해
이제 모르는 별에 떨어져
눈멀고 귀먹어
막배 기다리는 부두 술집에서
각자 취한다 해도
다시 알아볼 행운은
안주로 오른 고등어보다 없으니
고양이 저금통처럼 손 들고
부디 건강하고
느낌표로 지내길

이별사

내일을 믿지 마
죽으면 썩고
마음은 공중에 흩어지겠지
지금 마시는 물도 공기도
누군가의 흔적
소멸은 소멸일 뿐이지
벌거벗은 바람 불면
강둑 헤매는 사람들
아직도 기대 버리지 못해
삼층탑 쌓지만
불타지 않는 절은 없어
당간지주만 남은 사랑은
아무도 기억하지 못할 거야
실연을 믿지 마
그저 우리가 폭발한 별자리에
새로운 만남이 생기겠지
이 번잡한 우주에
아픈 우연은 한 번으로 족해

처녀치마길

너는 항상 앞서갔지
마천봉 가파른 산길에서도
숨 헐떡이는 날 팽개치고
펄럭이는 분홍치마
하늘을 가리면
폐 약한 머스마 눈앞이 노랬네
같이 가
같이 가
물푸레나무 붙잡고 사정하면
눈 흘기며 종알거렸지
지금 가야 해를 봐
지금 가야 해를 봐
너는 항상 앞서갔지
간신히 꼭대기까지 갔는데
이미 없었지
저 아래 자작나무 숲에서
휑하니 바람만 올라왔네

초대

이유 없이 며칠 봄비가
꽃잎 다 떨구고
그늘 속에 숨었던 지네들이
스멀스멀 베개로 기어 나오는 건
당신이 밤마다 주문을 외웠기 때문이죠
커다란 냄비에 슬픔 가득 붓고
분노 한 스푼
당신의 저주가 너무 독해
매일 술만 마셔요
나도 알아요
당신은 착하지 않지요
그래도 떠나지 못하는 건
또 언제 걸린 마법일까요
이제는 자유가 더 어색해요
오늘도 밤까지 비에 젖을 테니
내 심장을 꿰뚫는 긴 손톱으로
소주 한잔해요

죽은 왕

왕이 죽었다
이미 지어놓은 무덤이 있었다
도굴을 막으려고
벽을 둘러친 요새였다
아무도 만나지 않았고
후궁과 술만 마셨다

평생 사랑한 여인과 묻히고 싶었지만
신하들은 그녀를 따로 묻었다
후궁이 왕을 망쳤다고 믿는
왕의 성은을 듬뿍 받은 신하들은
아무도 따라 죽지 않았다

두꺼운 관이 열렸을 때
왕은 비단과 황금에 쌓여
뭉개진 얼굴이 추했다
썩지 않은 부장품들만
박물관에서 반짝였다

왕이 죽었다
대신들은 곡소리가 끝나기도 전에
다음 왕 문제로 싸우고
하루하루 사는 게 전부인
백성들은 불경기에 휘청거렸지만
아무도 그를 기억하지는 않았다
그게 다행이었다

호수에 지다

네가 춘천이었을 때
청춘을 몰라서
만나는 역마다 멈춰
내리는 비 다 맞고
쌓인 눈 속 헤맸지

내가 춘천이었을 때
당신은 너무 빨리 지나가
내 안에 호수가 파이고
시무룩한 섬이 피었지
고개 숙인 버드나무 한 그루

내가 종착역에 닿았을 때
기차는 사라지고
마중 나온 안개는 취해 있었네
아는 불빛들 희미한 밤
오늘은 여기서 저무는 우주
네가 춘천이었을 때
청춘은 문 열고 기다렸는데

2부

정선아라리 줍는 아침

서시

내 마음은 묵은 절처럼 벼랑에 앉아 졸다가
조양강 물결 위로 떼배 하나 띄우네

뱃사공아 길 좀 묻세 도원이 어디에 있는가
감자밭에 너와집 짓고 부모 형제 모시게

좋아서 나왔겠나 이 속상한 세상
갈 때까진 내 뜻대로 맘껏 살아보리라

내 사랑은 흘러 흘러 서울 바다로 가고요
이내 몸은 산을 넘어서 은하수로 떠나요

고향

하얀 강에 눈 녹으면 봄이 찾아오고요
검은 산에 해당화 피면 당신이 찾아오지요

왜 나왔나 왜 나왔나 이렇게 이쁜 사람아
누구 가슴에 불 싸지르려 내 눈앞에 나왔나

길이 없으면 바위를 쪼아 신작로를 만들고
배가 없으면 다리를 놓아 당신에게 가려네

세상천지에 집 없는 사람들 정선으로 오세요
기둥 세우고 지붕 올리면 거기가 고향이라네

구절구절

아우라지는 진즉에 알았지만
조금 더 깊이 구절리가 있었습니다
서울서 돈 캐러 막장에서 몸 버릴 때
검은 막걸리 마시면 서러웠지요
이리 박정한 세상인지
선이랑 순이와 손잡고 놀다보면
젊은 엄마가 밥해놓고 기다리던 곳
뭐든 다 아는 아버지와
진한 다방 아가씨들이 있던 곳
아무리 곡괭이질 해도 닿지 못했지요
서러워 아라리 부르면
일 절만 하지, 말리던 반장들
이제 종점에 도착해 몸을 말리던
기차는 끊어지고
기억은 문 떨어진 폐가가 되었지만
구절리는 아직도 기다리고 있었습니다
빈 차로 돌아올 나를 위해
한 삽 가득 채워줄 노래를 담고
노추산 휘감는 송천에

철쭉을 밝히고 있었습니다

귀양살이

부모는 자식 때문에 자식은 부모 때문에
이 골짜기 평생 귀양살이 서럽기만 하구나

나무는 엮어서 뗏목이나 만들지
우리는 죽어도 떠내려가지도 못하네

보이는 전답마다 모두 임자가 있다니
하늘 아래 저 산 숲은 내가 임자가 되겠네

아침엔 풀죽 먹고 저녁엔 감자 먹어도
없는 세금 걷으러 오는 아전 없으면 살겠네

딱 천 년

이별이란 게 부질없어서 다시 안 볼 것 같아도
정선 여량 아우라지처럼 아침이면 만나지

비가 되어도 눈이 되어도 강으로 떠내려가도
꽃피는 봄날 구름이 되어 다시 내려오더라

사람이 먼저지 냉정한 이별이 먼저라더냐
살아가고 또 살아가면 내일에는 만나지

정선 장날에 장꾼이 되어 우리 다시 만나면
벼랑 위 소나무처럼 딱 천 년만 삽시다

딸

세상에 힘든 일이 딸년 하나 키우기
품 안에선 철부지더니 금방 사라져버렸네

정선으로 시집가야 평생 쌀 서 말 먹는데
허우대만 멀쩡하다고 정을 주지 말게

장날이면 읍내 가자고 그리 졸라대더니
저녁 해가 다 지는데 돌아올 줄 모르네

애지중지 키워봤자 어차피 남 줄걸
걱정으로 지샌 밤에 귀밑머리 허옇네

떼꾼

이래 사나 저래 사나 한평생은 같은데
마지막 가는 길은 내 맘대로 하겠네

가난하다 못 배웠다 아무리 퉁박 주어도
당신 향한 내 마음은 저 강처럼 흐르네

우리 어머니 날 낳고 벌써 돌아가시고
우리 아버지 날 품느라 늙는 것도 몰랐네

사랑하는 부모 형제 부디 안녕히 계세요
이내 몸은 저 강을 건너 저녁 해처럼 숨어요

마음 한 그루

무릉도원이 어디인가 평생을 찾았더니
우리 어머니 밭을 매는 여기가 도원이구나

아침 햇살은 명랑하고 저녁은 외롭지 않으니
꽁보리밥에 물 한 바가지면 나는 살아보겠네

비단옷에 흰쌀밥 먹으면 당신은 행복한가요
하루 종일 슬프지 않으니 나는 살아보려네

복숭아 한 그루 없어도 도원은 도원이고요
마음 한 그루 없으면 당신도 남남이라네

망명

산은 검고 강은 희고 저 하늘은 푸른데
홀홀단신 이 내 몸은 무슨 색이 나려나

낙락장송은 베어내서 한양으로 가고요
죄를 지은 이 내 몸은 산속으로 떠나요

인간 세상에 죄 안 짓고 뒹굴 수가 있나요
저 산마저 죄가 된다면 나는 갈 데 없어요

나쁜 놈은 멀쩡하고 착한 놈은 쫓기니
아무 말 말고 받아주소 나는 외롭답니다

물봉선

정선 산천은 아라리 같아 볼수록 눈물 나고요
이 내 몸은 물봉선 같아 강을 보다 지네

벼랑이 이백 개에 여울이 삼백 개라도
비오리 따라 소나기 따라 부디 돌아만 오세요

여량에는 아우라지 햇살 가득하구요
논밭에는 착한 사람들 부지런히 살아요

우리 아기 근심 없이 정선에서 자라면
가는 곳마다 꽃을 피워서 세상 좋아지겠지

백정

비단 치마에 가죽 꽃신은 바라지도 않아요
삼베 저고리 짚신만 신어도 나만 사랑해주면

우물가에 동네 처녀들 개구리처럼 많아도
일 잘하고 마음씨 착한 내가 제일 예뻐요

총각이 처녀 보고 처녀가 총각 보는데
망할 놈의 양반이면 어떻고 쌍놈이면 어떤가

우리 아버지 일 잘하고 나만 사랑해주는데
백정이라 손가락질하는 네가 쌍놈이구나

버들이 우는 밤

정선이 살기 좋아도 나 혼자 뭐해요
아무리 예쁜 꽃도 혼자 피면 서럽네

우리 아버지 앞뒤 막힌 답답한 노인네
소처럼 일만 하는 엄마가 되긴 싫어요

이산 저산 다 지나가면 서울이라 하는데
꽃가마 타고 한들한들 건너가고 싶어라

사라진 여인

해가 지면 달 부르고 달이 지면 해 뜨는데
저 멍텅구리 눈치만 보다가 나를 놓쳐버렸네

사람 한평생 얼마나 된다고 우물쭈물 하더냐
날 저물고 사람 놓치면 다시는 볼 수 없어요

길이 없으면 새로 내고 돈은 벌면 되지만
정분만은 내 마음대로 흘러가지 않더라

오늘 못 보면 내일 보고 내일은 모레가 되어도
저 강이 마르지 않은 한 다시 만나러 오세요

산돼지 사냥

이 산에는 우리들이 밭이나 붙여먹고요
저 산에는 산돼지들이 자기들끼리 살아요

겨울 나는 게 무슨 죄라고 돼지 잡으러 간다니
시린 눈밭에 다치지나 말고 어서 돌아오세요

벼랑에는 고함소리 비명소리 나는데
누가 누굴 잡았는지 애달프기만 하구나

올 흉년에 새끼들은 말라비틀어졌고요
애비들은 죽자사자 저 벼랑을 올라가네요

쌍둥이네

여량 주례마을 쌍둥이네 식당은
한솥 가득 돌을 끓인다
남편이 밤낮으로 강에 나가
산도 강도 바람도 돌에 담아오면
아내는 그 돌을 뭉근히 삶아
감자탕도 만들고 해장국도 만든다
전생에 만났을 것 같은
세월을 거슬러 올라가는 국물
쌍둥이네에서 밥을 먹으면
인정하지 않을 수 없다
가장 아름다운 먹거리는 돌이라고
우리를 만든 조화가 돌이라고
여량 주례마을 쌍둥이네엔
오늘도 신선들이 모여
무량이 빚어낸 밥을 먹는다

여량

저 하늘이 이 땅을 만들 때 강이 필요하더니
강 두 줄기 모아다 합쳐 아우라지 되었네

정선에서도 여량은 논들이 모여 사는 곳
아우라지 젖을 빨아 벼가 익어간다네

방긋 웃는 하루 해는 종일 들을 비추고
집집마다 쌀이 가득 인심도 가득하다네

산 좋고 물 좋은데 사람도 아니 좋을까
여기저기 고만 살피고 여량으로 오세요

여량 아리랑

아침부터 날이 흐려
비를 보려 강가로 나섰지
아우라지에서 누가 우는지
십 리 아래도 이별이 흐르더군

익숙해진 돌들은
둥글게 머리를 감고
어떤 놈은 고개 내밀고 아라리 부르고
어떤 놈은 거품 만들며
돌아앉아 있었네

괜히 하늘 덮은 구름은
빗방울 오락가락 끄적이고
내 안을 흘러가는 강물이
화르륵 화르륵
불타는 목소리로 묻더군
뭘 더 바래
뭘 더 바래
뭘 더 바래

여울

정선 아우라지에서 뗏목 타고
제천인가 충주에 이르면
나타난다는 으스스비미미 여울
돈에 이 악문 사공들도
두려워 떤다지
난다긴다하던 명인들도 몇
그곳에서 수장됐다네
갑작스러운 물살이
살아 있는 것을 빨아들이면
바닥은 다 단단한 바우
그중 몇 개의 구멍은 끝을 모르는 깊이
뗏목은 부서지고
사공은 사라지고
오죽하면 이름이 으스스
그래도 꼬리에 꼬리를 물고
뗏목들은 밀어닥치지
산 놈은 살아야 하니까
생각해보니 내 앞에도
뒤에도

여러 번 그 여울을 건너더군
으스스비미미 젠장할
피할 수는 없더군

이웃

호랭이가 무섭다고 사람보다 무서울까
봄 기근이 힘들다고 세금보다 힘들까

사람이 무서워 산에 들어갔더니
배고픈 승냥이들이 어서 오라 반기네

정선의 하늘빛은 푸르지가 않아요
우리 부모님 하도 울어서 어질어질 하지요

그냥 두시게 그냥 두시게 이 산에 그냥 두시게
호랑이랑 승냥이랑 이웃하며 살겠네

주인

조양강과 앞 남산에 임자가 어디 있나요
고을 원님도 임금님도 잠시 손님이지요

우리 부모님 날 낳으시고 평생을 여기 살아도
정선 하늘이 내 것이라고 우기지는 않아요

산마다 나무 베고 골마다 세금 걷어도
이 강산 진짜 주인은 당신과 나뿐이라네

콧등치기

정선 여탄 강 구비 한 필 베어내
읍내로 이사 온 성길이 엄마는
평생처럼 모질게 밀어온
메밀을 반죽해 된장 국물에 끓였지
새벽부터 늦은 밤까지 꺼지지 않는 아궁이가
작고 얼굴이 흰 성길이를 학교로 보냈어
후루륵 힘껏 빨아들이면 끊어져
콧등을 탁 치는 세상은 국수 같아
먹어도 먹어도 배가 고프네
온 밤을 소주로 적시고 떨어진 별처럼
속 쓰린 사내들이 들어서면
땀과 눈물과 콧물로
간을 헹구고 뇌를 씻어주던
콧등 한 대 제대로 맞아 정신 차리는 새벽
우리는 공깃밥 한 그릇 마저 말아먹고서
다시 하늘로 올라가지
종일 떨어지는 어둠 캐내려
역전 동광식당 콧등치기 한 그릇에
벌개진 얼굴을 하고서

새 아침이 되지

정선아라리 줍는 아침

간밤에 얼마나 많은 노래가 피었다가
또 떨어졌을지
오일장 지나간 시장은 조용하고
가게들은 등을 돌렸네
시인이 무슨 노래를 짓나
묵은 황기 캐온 저 고라데이 화전민이나
한 삼 년 입 닫고 산 과부가
곰취 한 바구니 앞에 두고
눈만 껌뻑여도 아라리가 나오는데
나는 그저 검은 비닐봉다리 들고
다음 장날까지
이 노래 저 노래 주울 뿐
정선의 봄은 조양강을 따라
서울로 흘러가고
빈손으로 돌아오는 뗏꾼들이
마중 나온 아내에게
비로소 활짝 웃는 동네
검은 산 물밑이라도
해당화가 핀다네

3부

흐르는 아이

고독에 대하여

고라고 부르는 작은 독벌레가 있다. 독에 능한 자가 모르는 사이 상대의 몸속에 심는다.

기미도 없이 가슴 깊이 파고드는 벌레. 심은 자는 기다린다. 자신을 바라보는 눈길이 깊어지기를.

때가 되면 고는 꿈틀거리며 가슴을 헤집는다. 세상 고통 중에 가장 아프다 한다.

고독에 중독된 자들은 안다. 소멸할 때까지 헤어날 수 없음을.

내 속엔 도대체 몇 종류의 벌레들이 숨어 있는 걸까.

오늘도 밤거리 눈자위 거무죽죽한 중독자들 하염없이 걷고 있다.

통증을 참으며 소주를 마시고, 내일이면 잊어버릴 긴 통화를 하면서.

이 가을은 외로운 노예들이 건설했다.

고아

자다 깼어요
더워 간신히 잠들었는데
깨어보니 풀벌레 우는 가을밤이네요
내가 당신을 껐나요
빈방에 쓰러진 선풍기기처럼
잊어버렸나요
꿈 없는 잠이 이어지는 날들
이젠 당신을 켤 수 없어요
똑똑한 이별은 빨리 지나간다고
끝까지 남은 건 못 갚은 빚뿐인데
내가 누군지도 모르고
여기까지 왔네요
목 꺾고 흔들리는 수수밭 지나
노란 기차가 다리 건너면
또 미친 겨울이 오겠지만
아무 죄도 기억하지 못한 채
자다 깼어요

공주

첫사랑은 공주에서 왔는데
강 앞 외가에 살았다는데
내겐 외가가 없었다

사학과 다닐 때
공산성 답사를 갔는데
막걸리에 취해
망국의 아름다움만 느꼈다

제법 나이 먹은 후에야
문득 깨달았다
그 두 곳이 하나라는 걸

내게 백제는 외가 같고
그녀는 소식이 끊어졌다

한 번은 찾아갈 수 있을까
밤나무 울창한
마지막 공주

귀신고래

오늘은 너무 슬퍼
전화 받을 수 없습니다
용건 있는 분들은
구름 속의 고래가 내려올 때까지
따뜻하고 안전한 지상에서
손가락질이나 하며 기다려주기 바랍니다

달맞이꽃

추석이라 돌아가는 밤길
고향엔 빈집만 남고
산중엔 무덤 같은 보름달
자동차들도 끊어지고
인가도 사라지니
골짜기 속에 나마저 어두워
달이 점점 내려온다
눈앞이 전부 달이다
멈출 사이도 없이 들어간다
바퀴에 닿는 땅이 사라지고
낡은 차는 통통배가 되었다
저기 나보다 먼저 떠나간
손 흔드는 사람들

내가 달이 되었네

불온한 필경사

남의 책을 읽다가도
소주잔을 들다가도
시 한 편 쓰게 된다
준비하지도 않았는데
네 얼굴만 봐도
첫 문장이 떠오른다
밀렵꾼 창고처럼
하룻밤에 숨겨지는 말들
나는 무허가 필경사
팔푼이 파라오 무덤 속에서
가장 어두운 구석을 골라
불온한 상형문자를 적는다

사스래나무

이제 당신을 알겠네

숱한 싸움터 거쳐온 노병
붕대 감은 열정으로
터져버린 몸피

불꽃 머리 위로 끌어올려
숲을 환하게 비추는
아버지, 언제나 손님 같았던

이제 당신을 알겠네

삼베 수의

어머니 베 짜는 소리에 부엉이 울고
철커덕철커덕 겨울바람 지나가네
낮에는 두부 만드느라 맷돌 돌리고
아궁이 앞에서 꾸벅꾸벅 졸더니
호롱불 아래 베틀 안고
동네에서 가장 좋은 삼으로
읍내에서 돌아오지 않는
아버지 수의를 지으시네
멀쩡히 산 사람 수의는 그만두고
우리 어서 자요
달빛 같은 어머니 흰머리
북을 잡고 밤을 새우네
수의를 미리 만들어놔야 장수한다고
쐐기풀로 옷을 짜던 공주처럼
내일이면 처형될 동화처럼
마법에 걸려 나는 먼저 잠들고
어머니 베 짜는 소리에 부엉이 우네
철커덕철커덕 푸른 달이 물드네

손님

오래 혼자 있으니
통풍도 반갑다
발목 통증으로
느닷없이 찾아오는 하루
제대로 걷지도 못하니
가만히 누워서 반성한다
어느 날 떠나간 그대처럼
그냥 오는 병은 없다
마침 울고 싶었다
약국도 쉬는 휴일
상심한 흡혈귀인 양
관 뚜껑을 닫는다

시판돈

시 쓰다 원고료 없는 청탁이나 받고
떠나지 않는 내 애완동물 슬픔과
텅 빈 저녁놀이나 보다가
생각났지 시판돈
라오스의 낙원 시 판 돈
메콩강이 만든 사천 개의 섬이 있는 곳

공짜 악령들 콘 파펭 폭포가 가두고
외줄 타고 물살 건너는 사내가 투망을 던지면
일 미터짜리 아시아붉은꼬리메기가 잡히는 곳
사방 바람 불어오는 이 층짜리 나무집에서
선짓국으로 끓인 쌀국수 먹으면
선선한 여름과 잠드는 곳

난방비도 없고 세금도 없고
상류에서 떠내려온 나무가
신으로 절을 받는 곳
소원은 강처럼 알아서 흐르는 거지
내게 동냥이나 하지 말렴

시판돈 아직은 티비로만 보는 낙원
애완동물은 비행기에 태워주지 않는단다
갈 곳이 하나 생겼네

솔직한 아침

좋아서 노래하지 않아요
나오니까 부르지
내 속은 음표들의 화덕
반죽하면 부풀어 올라요

당신을 사랑하지 않아요
사랑은 음정을 망치지요
나는 나밖에 몰라요
울고 싶으면 울 뿐

관객은 필요 없어요
악기를 연주해주세요
박수치는 북도 좋고
감탄하는 기타도 괜찮아요

제발 뭔가 안다는 듯
눈감고 앉아 있지만 마세요

식은 접시

전자레인지에서 그릇을 꺼내려다
손가락을 데었다
배고픔에 서툰 손이었다

미켈란젤로의 천지창조에서
신의 손이 아담에 닿으려는 순간
인간은 흠칫 놀라지 않았을까
저 불타는 손가락

몇 번 거절을 당하고서야
뜨거움을 잊은 걸 깨닫는다
나는 그저 차가운 접시였을 뿐

천사들이 짓궂게 보고 있는 가을
데인 손가락으로 망설인다
물집이 잡힌 시를 쓰면서
또 앞으로 내밀 수 있을지

애완동물

가난한 나도 애완동물은 있다
돈을 주고 사지 않아도
슬픔은 제 발로 걸어 들어왔다

사료를 주지 않아도 내 기분을 먹고
집을 만들어주지 않아도
내 가슴에 붙어 잤다
한참 정이 붙었을 때 사라진 건
내가 늙었기 때문일 것이다

슬픔이 사라지자 침묵이 찾아와
두 번째 애완동물이 되었다
침묵은 눈치가 빨라서
먼저 나대지 않는다
우리는 종일 붙어 있지만
불편하지 않다

저녁놀이 지는 창을 바라보며
우리는 불을 켜지 않는다

밤도 제법 잘 어울리는 집이다
가끔 의심도 한다
혹 내가 애완동물이 아니었을까
진짜 주인은 머리 위에서
나를 보고 웃는 건 아닐까

장렬한 가을

원고 마감 지난 아침 비 온다
은근슬쩍 정선 아리랑이
잠 속으로 들어온다

어제까진 여름이라
선풍기 틀고 잤는데
가을은 하룻밤 만에 온다

빚 갚는 날짜처럼
정확하다 나만 빼고
세상은 여전히 잘 돌아간다

창밖에 젖은 대추나무
우리는 무더위 속에서
열매를 견뎠다

지나가는 사람도 없는데
평생 묶여 있는 개가 짖는다
사마귀라도 본 걸까

오늘은 원고를 보낼 것이다
가을비처럼
나도 오래된 노래다

징징 돼지

징징 돼지는 언제나 징징거렸지
넌 왜 징징대니
할 말이 너무 많아요
하지만 아무도 듣지 않아
징징 돼지는 더 징징거렸지

세상은 불공평해요
지구가 망해간다구요
투표들 좀 잘하세요
힘들어 죽겠어요

시장에 나타나면
모두들 눈을 피하고
징징거려도
시치미를 뗐지

어느 날 누군가 물었지
요즘 징징 돼지가 보이지 않네
잘 있겠지 그 덩치 큰 친구가

설마 무슨 일이야 있을까

조용한 마을에
징징 소리가 들리지 않으니
잠이 안 온다는 이도 생겨났다네

집에도 가봤지만 보이지 않고
징징 돼지는 사라졌는데
이제 밤이면 창밖에서
삐뽀삐뽀 구급차가 달리고
부릉부릉 장의사가 지나간다네

짬뽕과 짜장면

짬뽕을 주문했는데 짜장면이 나왔다
나는 입술만 달싹였을 테고
나이 든 여주인은 귀가 안 좋았으니
오랜만에 짜장면을 먹어야 했다

친구 아들이 결혼했는데
악수 한 번에 안부 한 번이면 다인
동창들과 혼주를 보면서
송금만 할걸 하고 후회했다

짬뽕을 짜장면으로 바꾸는 소심함으로
외딴집에서 시를 쓴다
이제 와 바꿀 수도 없고
바꿔야 바꿔지지도 않는 날들

승객이 보이지 않는 객실을 달고
장렬한 역으로 기차가 지나간다
순서대로 오후엔 부고가 떴다
순리대로 살자

그냥 주는 대로 먹자

충고

시 쓰지 말자 했지
원고료도 못 벌고 칭찬도 못 받는
차라리 산문을 쓰자 했지
그런데 시만 나오면
도대체 마감은 어쩔 건데
월세는 또 어쩌고
박수 한 번 받았다고
계속되는 내 편은 없어
등 뒤에선 손가락질하기 바쁘지
제발 시는 그만 써
우리도 먹고살아야지
사라지는 쪽에 서지 마

팔호광장

맑은 날엔 산책하고
흐리면 시를 써요
위층에선 귀가 어두운 노인이
알아듣지도 못하며
전화기에 소리지르지요
내 걱정은 하지 마라
반복이라는 병을 견디며
또 비를 맞아요
장미들은 벼르고 있지요
빈약한 달빛 속에
담벼락에 불지를 시간을
머리맡에 백지가 까악하고 울어요
함께 소주 마실 친구가 있나요
일찍 온 여름에도
발이 시려 깨는 아침
내게 남은 시간이 많지 않은데
내란은 길고
어둠은 제멋대로 펄럭이네요

하늘고기

파미르고원으로 가야겠네
블룬쿨 호수에서
하늘고기를 낚아야겠네

눈이 녹는 5월
슬피 우는 사람들의 땅을 지나
빙하가 혀를 길게 내민
아무다리아강으로

눈표범이 머리를 노리고
늑대가 길을 가로막는
절벽 길에서
오체투지 삼보일배로
야크를 따라가겠네

하늘을 잃어버린 시대
내 안에서 노랑부리까마귀 우네
돌아오지 말라고
돌아오지 말라고

앞만 보고 걷다가
기다리는 사람을 잊어버린 날들
블룬쿨 호수로 가야겠네
밤이면 별까지 튀어 오르는
하늘고기를 만나러

환갑

읍내에 영화관이 있었지
화가가 그린 간판에
어깨 드러낸 여배우가 웃고
미성년자 출입금지 영화가 걸렸지
주말엔 결혼식이 열리고
농협 아가씨를 꼬신 넷째 형이
검은 양복을 입고 입장했지
아버지 생일이면 조카들을 데리고
만화영화를 보러 가던
영화관은 친구 집 옆에 있어
담을 넘어 몰래 들어가
비가 죽죽 내리는 스크린으로
겨울 여자의 연애를 훔쳐봤지
월하의 공동묘지부터
전쟁과 평화까지
하루도 쉬지 않고
오늘도 불이 켜졌지
환갑이라니
이 영화는 한 바퀴 다 돌았으니

다른 필름으로 바꿔야지
읍내에 영화관이 있지
다음에 어떤 작품이 걸릴지
기대되는

흐르는 아이

강에서 태어났지
산꼭대기에도 흐르는 강
그 소리에 잠들고
그 소리에 깼지

바람과 물은 소리가 달라
바람은 뒤돌아보지 않지만
강은 배를 끌며 나가지

도시로 떠내려간 뒤에도
항상 물소리를 들었네
하류배들 밑에서 일할 때도
재바른 놈들에게 떠밀릴 때도

달도 없는 밤
반지하를 삼키는 비가 오면
강은 지하에도 흘러
자장가를 불러주었네

바다까지 가는 길에는 사람들이
바위로 주저앉기도 하고
벽에 갇혀 썩어가기도 하지만

아직 아이는 흐른다네
배를 끌며 시궁창을 지나
바다로 가고 있다네

호야

이파리 몇 장만 물에 담가도
햇빛 없는 화장실에서도
너는 산다 창백한 잎으로
내일이 기약 없으니
흙도 화분도 사치
하루를 견딜 뿐이다
가끔 전등이 켜졌다 꺼지고
창문이 열리면 바람에 뺨을 대면서
간신히 견디는 윤호야
조금만 더 버티면
어느 날 꽃도 핀단다
대단치는 않지만
별을 닮은 시들이 쓰여진단다

4부

팔레스타인 아이에게

강가 다래나무

길 건너 냇물 위로 가지 뻗쳐
주렁주렁 열매 열었다
팔 높이까지는 행인에게 주고
윗가지 하늘 잡고 힘껏 펼치니
나무 한 그루 담은 다래
흐르는 물살 위로
이소를 준비한다
먼저 떨어지는 이파리 몇
물길 살피며 길잡이 나가고
극성맞던 여름도 떠내려간다
아이들 다 키워
바람이 두렵지 않은 나무
가을이 와도
아무 근심 없다

고양리 교회

하느님은 주일이면
고양리 교회로 온다네
도시의 휘황찬란한 성전들을 지나
정선하고도 임계 고양산
더덕 농사짓는 교인 많지 않은
배추 포기만 한 예배당으로 온다네
눈치도 없이 순하기만 해서
남들은 마다하는 구석으로 들어간
내 불알친구 손호경이 목사라네
예배 시간에 앞에 나와 찬양하는 가수는
남편보다 일 잘하는 그의 아내
농사일 바쁘면 밭으로 나가고
땀투성이 예배를 올리는 부부를 두고
도대체 다른 곳으로 갈 일이 없지
그래서 주일이면 하느님은
고양리 교회로 온다네

그 나무
— 최만헌에게

우리는 속에 나무를 키우지
태어날 때부터 뿌려진 씨앗
네가 망아지처럼 뛰어다니고
소처럼 일할 때
나무도 일어나 어깨를 펴지
우리가 빛 속을 걸어갈 때
사랑을 하고 가족을 만들 때
나무도 무성한 그늘을 만들지
그늘이 너를 덮을 때까지
너는 무슨 꽃을 피우고
검은 열매를 맺었는지
우리는 알지 못했네
밤이면 머리맡으로 무성한
가지들이 흔들리는 꿈을 꾸면서
곧 여기 숲이 들어선다네

그 절

산속에서 절을 잃었네
분명 그곳에 있지만
길이 지워졌지

지나가는 천둥 번개 때문일까
안내판은 보이지 않고
숲은 닫혀 있었네

산이 있으면 길이 있고
끄트머리에 매달린 암자도 있는 법
날이 저문다 해도 가겠네

초롱꽃 한 무더기 마음을 밝히면
산짐승 으르렁대는 저 어둠 너머
스스로 반기는 풍경 소리 들리지 않겠나

도롱이 연못

저 높은 산속에
사람들이 살았다니
해발 천 미터에서 사내들은 탄을 캐고
아이들이 학교로 가면
아낙들이 쌀을 씻는 마을이 있었다니
안개 자욱한 산길
발도 안 보이는 숲을 더듬어 가면
깊고 푸른 연못이 기다린다니
참나무들이 파수병처럼 서 있고
갱도를 보호하는 수호신이
도롱뇽이라니
도롱뇽이 어떻게 생겼더라
기억도 없는데
광부의 가족들은 매일같이 찾아와
가장의 안부를 빌었다니
정말 그런 연못이 있다면
천 미터 올라가 보고 싶네
맑은 물결에 얼굴 비추는 물푸레나무처럼
종일 들어앉아 나를 만나고 싶네

거짓말이야 이 뻔한 세상에
선녀의 눈처럼 반짝이는 도롱이 연못이 있다는 얘기

도원일기

비밀 하나 알려줄까
낙원은 찾으면 없어
등 떠밀려 마지막까지
쫓긴 사람이
막장까지 들어가야 나오는
도원은 그런 곳이야
나를 포기하면 싹이 자라고
꽃이 피고 열매가 열리지
복숭아여도 좋고 사과여도 좋고
감자여도 좋아
맑은 산에 기대어
아라리 한 소절 부를 수 있으니까
스님도 교주도 백성도 행복한 곳
도원은 반짝거리지도 않고
편하지도 않지만
그저 살 만한 동네야

두루마리사

화장실 벽에 걸린 경전이
다급한 중생들을 맞는다
몸 찢어 항문 읽고
마음 닦아준다
덜컹이며 염불하는 환기통과
발기약과 장기매매 사이
야위어가면서
철컥철컥 깨우치는 불법
무료다
수행이 다 풀리면
소란스런 다비도 없는 열반
심지는 구겨져 재활용으로 들어가고
다른 수행자가 이어 결가부좌하는
지금강경
개운한 얼굴로 불이문 나가는 사람들
해탈을 배운 듯하다

멈출 수 없는

그 화산은 오랫동안 조용했지
높지도 않고
구름 아래 밋밋한 고개를 숙였지
깊은 밤 가래 끓는 기침 소리 들리면
혀를 차며 말하곤 했어
찬바람만 불면 꼭 저러네
가끔 안색이 바뀌면
바닥이 조금 흔들리기도 했지만
오랫동안 죽어 살아서
그를 두려워하지 않았지
저 깊은 곳에서부터 시작된
마그마가 가슴까지 차올라
한 번의 모욕이면 충분한 폭발까지
저 폼페이는 전혀 몰랐네
절대 건드리면 안 되는 위험을
그게 바로 나야
그게 바로 너야

명당

마당에 우뚝 선 백년 묵은 밤나무
올해도 몇 가마니 이고 섰다
사내들은 떠나고
홀로 남은 아낙이
장대로 딸 엄두도 못내
새벽이면 밤을 줍는다
휘이 휘이
서로 구역을 정한 듯
새들은 높은 가지에서 내려다보고
한 양동이 가득 채운 할머니는
둥근 향로를 피우듯
밤송이를 모아 태운다
밤을 태운 고소한 연기가
푸른 가을 하늘로 올라간다
황금처럼 노란 콩밭 가운데
편히 누운 무덤 한 채
둘러보니 사방이 다
명당이다

밤기차

숲속에 기찻길이 있었다
부서진 자갈 위에
검은 침목이 번들거리는
그 길은 숲속으로 떠나갔다

탄광이 사라지고
역들은 닫혔는데
기차는 어디로 가는 걸까

내가 모르는 다리가
벼랑으로 가는 굴을 거느리고
포장을 덮은 화물을 날랐다

한밤 덜컹이는 진동에 깬 적이 있다
노란 불빛이 흔들리는 객실에서
손 흔드는 아이가 꿈인 줄 알았는데

숲속에 기찻길이 있었다
시간표를 모르는 기차가 지나갔다

다음 역이 어디인지도 모르는

번영슈퍼

정선 북평에 닿은 광산 마을
수레 하나 간신히 들어가는 골목에
지나치기 좋은 입구가 있지
번영슈퍼

먼지 둘러쓴 상품들이 위장한 식당
언제나 웃는 노부부와 싹싹한 젊은 아낙이
한 상 가득 담는 산동네 먹거리들

보리밥 만둣국 장칼국수 콧등치기 메밀국죽
두부조림 된장찌개 고사리 무나물 콩나물
감자조림 도라지무침 새김치 묵은지 미역국

한 번 먹으면 오래 번영하는 마음
기름진 속세에 체했다면
황제도 아니면서 불로초는 그만 찾고

무거운 등짐들 하나씩 내려놓으며
정선 북평 골목들 쏘댕기다가

숨어 있는 입구를 찾아보시길

빈 아침

봄비 기다리다 잠든 밤
지나갔다 기척도 없이
얼마나 험한 길 다녔는지
자동차는 흙투성이다
겨우내 버려진 과수원에 침묵이 쌓이고
짖는지도 모르는 강아지들이
어미도 없이 길에 나올 때
기척도 없이 장화 신고 나간
봄비는 어느 고개를 넘어가고 있을까

쑥갓에게

쑥갓이 꽃을 피웠다
생전 처음 보는 꽃
해바라기 닮은 국화였다
상추도 꽃이 핀다고
황금처럼 노란 꽃밭이 된단다
저도 시를 쓸 수 있을까요
타고난 재능도 없는데
꽃 피기 전엔 누구나 그렇다
쓰임새가 전부인 줄 아니까
굳은 생각을 뚫는 가지 하나
조금만 더 기다리자
타고나지는 않았지만
모든 사람은 꽃이 핀다

음나무 아래

귀신 쫓는 음나무 아래
장독대 들어섰다
산 사람 몇 없는
산과 강 마주 보는 동네
그늘에서 어둑시니 우는 저녁
한 접시 불 켜고
네 편지 읽으면
내 마음은 부글부글 익어가고
여기도
지옥 속 천국 같다

입춘대길

푸른 별밤이 그려진 잡지 위에서
손톱을 깎았다
유목민의 휘어진 칼들이 번뜩이고
아픔이 붉은 깃발을 들고 달리기도 했다
평생을 해도 서툰 짓
다 치운 줄 알았는데 손톱 하나가 남아
쓸어보니
별밤에 뜬 초승달이었다

장렬 과수원

창을 여니 과수원이 있었다
늦가을이 재촉한 이사
이파리가 떨어진 저 나무들이
북풍보다도 얇은 몸뚱어리로
이 산중의 추위를 견디고 있었다

와보지 않은 친구들은 사과나무라 했다
옥수수나 감자를 심던 밭에
지원금이 나온다 했다
나무와 풀의 이름을 모르고 산 평생
집세를 내는 날이면 추운 뿌리가
고스란히 폐 속으로 들어왔다

땅 밑까지 얼리는 겨울 속에서
때로 폭설에 길도 끊기면서
우리는 겨울을 보낼 것이다
어떻게든 봄까지 살아남아서
조촐한 잎을 내고
예쁜 꽃을 피울 것이다

열매는 나무의 소관이 아니다
겨울에 뿌리를 간수하는 것만으로도
우리는 잘 사는 것이다
여름 오고 가을 오고
이파리 무성한 세월은 다른 사람의 몫
어떤 과일도 아쉽지 않다

지구인

원숭이 후손이라지
아무나 가리지 않고 공격하고
아무거나 다 먹는 족속이라지
패거리 만들기 좋아하고
계급 나누기가 습성
우두머리가 안 되면
누구 하나는 밑에 깔고 가야 산다고 믿는
지구인
지구를 힘들게 만드는
팔십억 마리지만
여기 너희들만 사는 건 아니야
그들을 지켜보다 고개를 흔드는
다른 족속들도 있지
같은 별에 살긴 하지만
제발 부탁인데
난 지구인이 아니야
우리는 서로 다른 색으로 보고
서로 다른 주파수로 듣지
잠들어도 다른 꿈을 꿀 거야

그러니 내 말이 이해가 안 되면
다른 지구인을 찾아가렴

파관

관으로 가두지 못하는 죽음은 까부셔
묘혈 속엔 아쉬움이나 묻고
허비한 시간이 너무 많아
빨리 흙이 되야겠네
지붕을 덮으면 소멸일까
그대들이 잊으면 사라질까
봉분은 모자처럼 먼지가 쌓이고
사라져도 알지 못하게 되는 날
시장에서 마주치는 익숙한 얼굴
이번엔 또 무슨 배역을 맡으셨나
이 무대는 앞만 보이는 세트
어차피 다시 만나는 우연
비극은 도대체 어울리지 않으니
관으로 가두지 못하는 죽음은 까부셔

팔레스타인 아이에게

나라가 없다고 끝이 아니야
저마다 가슴에 영토를 만들고
정수리에 깃발을 세우면 돼
살다보면 함락도 당하고
포로가 되기도 하는 법
지금 모욕을 견딘다면
친구가 없어도 일어날 수 있어
지구는 상처뿐인 사람들이 사는 별
채찍을 휘두르는 자들조차
모두가 고아고 실향민이지
고삐를 잘 간수하고
누군가의 말이나 양이 되지 마
너만 괜찮다면
나라는 언제든 다시 만들 수 있단다

하늘길을 위하여

지장보살은 지옥으로 들어가
석탄을 만들었지
검은 불꽃이 그를 태워
세상을 살렸네

한 사람의 중생이라도 지옥에 남아 있는 한
나는 성불하지 않겠다던 맹세는
땅 아래 굴을 파 들어가
지옥을 나오는 길을 만들었어

지상에서 막장으로 몰린 사내들이
아이 업은 아낙들과 찾아온 곳
남은 건 몸 하나 불살라
가족을 먹인 곳
여기는 지옥이 아니었네

석탄은 세상을 데우고 불꽃으로 날아가고
이제 굴들은 사라졌지만
그 길로 하늘에 올라갈 나무들이 자라네

흰머리 고귀한 자작나무
어둠 속에 횃불처럼 빛나는 사스래나무
하늘을 향한 표지판처럼 솟은 낙엽송

당신이 길을 잃었다 생각한다면
정선으로 가보게
사북이든 고한이든 산을 오르면
검은 발자국 뚝뚝 흘리며 하늘 올라가던
발자국이 반짝이며 위로 올라가는
하늘길을 만날 테니
세상이 내려다보이는 마천봉에서
뜨거운 눈물 한 바가지 보시하길

황천
— 이종선에게

팔순 노모 부고에
쉰아홉 친구들이 모였다
같은 동네 살던 이들은 첫날부터
먼 곳에선 다음날부터
동네 장례식장은
은행나무 서 있는 학교보다 익숙했다
절을 하고 악수를 하며
엄마가 강을 넘어간 사연은
묻지 않아도 알고 있었다
비닐을 덮은 상 위로
종이 그릇에 밥이 나오고 국이 나오고
소주를 마실 때
잔은 부딪치지 않는 게 예의라고
비가 추적추적 배추적에 내리고
안개 낀 강은 비운 소주병 같았다
조문객들을 위해
구석으로 자리를 잡고
출세한 놈들도 망친 놈들도
서로의 주름살을 보면서

아무도 취하지 않아 서러웠다
오늘 밤을 새우면
화장한 엄마는 강을 넘어간다
강가에 모여 만든 상주들의 마을은
이편이나 저편이나
비슷해 보였다
가문 들에 봄비를 맞으며
장례버스가 들어오고 있었다

발문

사랑의 환율론

방민호

문학평론가, 서울대학교 교수

1

 윤호 형, 그대는 지금 정선에 머물고 있겠지. 잘 계시겠지? 우리가 일행이 되어 2박3일 도쿄로 갔던 게 지난해 늦가을이었지, 아마? 그대의 낡은 두꺼운 외투가 떠오르는 걸 보니 확실히 겨울 가까운 가을이었던 것 같네. 어느덧 그 겨울 가까운 가을에 겨울도 가버렸어. 봄이 오월을 바로 앞에 두고 있어. 참 무상한 세월, 나는 봄이 와도 봄이 아닌 것 같다는, 그런 봄을 보내고 있다네. 그렇게 외롭고 슬픈 서울에 있다 보니 그대가 산다는 정선이 참 좋아 보이네. 그대 시집 원고를 두 번을 차근차근 읽고 나니 더 그럴 것 같아. 차라리 나도 그대의 정선 같은 고향이라도 있었으면 해. 돌아가서 의지할 수 있는, 고향 같은 고향 말이야. 아니지. 아마도 그대는 고향에 돌아가려, 돌아가서도, 살면서도, 무척이나 안간힘을 쓰고 있었는지도 몰라. 그 고향, 정선에서 말이야.

그대의 원고에는 새 시집 원고를 '사랑의 환율'이라 이름 붙였던데, 내게 먼저 다가온 인상은 이 또한 '정선의 시집'이라는 것이었어. 덕분에 그대의 먼저 시집 『정선』(달아실, 2019)을 주문해서 읽었어. 예전에 그대가 학교 주소로 부쳐주었던 것도 같은데, 언젠가부터 나는 아무것도 제대로 간수할 수가 없다네. 어디 잘 있겠지. 새로 주문해서 읽어본 『정선』은 참 좋은 시집이야. 표지도 아주 좋고, 발문도 좋고. 뭣보다 역시 그대의 '정선 시'들이 참 좋았어. 온통 정선 천지더구먼. 덕분에 정선의 낯선 곳곳을 조금씩이나마 알아차릴 수 있었어. 그때 도쿄 여행 때, 어느 밤에 나는 그대의 '정선 사연'을 얻어들을 수 있었지. 참 애달픈 사연을 간직한 사내. 그대는 나와는 다른 '류'의 사람이었지만 그게 내게는 참 좋았다네. 그대가 한 살 '이나' 위인데도 우린 그때 같이 말을 놓기로 했지. 흔치 않은 일이었어. 이 나이에 서로 쉽게 친구가 되는 일. 힘거운 겨울, 내내, 그대의 정선에 참 많이도 가보고 싶었다네. 그러지는 못했지만 어쩌면 그대의 깊은 외로움에 기대면 내 고통도 얼마간은 덜어질 것 같았어.

원래는 이 글의 뒤쪽에서 소개할 작정이었는데, 이야기를 하다 보니, 그대의 외로움을 먼저 말해보고 싶어졌네. 그대의 새 시집에는 다른 모든 시들과 다른 시풍의 시가 한 편 있었어. 그것은 바로 '외로움'에 관한 것이었어.

고라고 부르는 작은 독벌레가 있다. 독에 능한 자가 모르는 사이 상대의 몸속에 심는다.

기미도 없이 가슴 깊이 파고드는 벌레. 심은 자는 기다린다. 자신을 바라보는 눈길이 깊어지기를.

때가 되면 고는 꿈틀거리며 가슴을 헤집는다. 세상 고통 중에 가장 아프다 한다.

고독에 중독된 자들은 안다. 소멸할 때까지 헤어날 수 없음을.

내 속엔 도대체 몇 종류의 벌레들이 숨어 있는 걸까.

오늘도 밤거리 눈자위 거무죽죽한 중독자들 하염없이 걷고 있다.

통증을 참으며 소주를 마시고, 내일이면 잊어버릴 긴 통화를 하면서.

이 가을은 외로운 노예들이 건설했다.
 ―「고독에 대하여」 전문

 이 시에 "밤거리"가 나오는 걸 보면 이 시는 왠지 정선 아닌 도시에서 초를 잡은 것 같은데, 그대의 시집에서는 이 "고"라는 벌레가 "지네"처럼 스멀스멀 기어다니고 있었어. 나는 이 시에 담긴 그대의 외로움을 함께 느끼면서, 정선의 그대는 얼마나 혼자서 외로울까 생각해야 했어. 다음과 같은 시를 같이 읽으면서 말야.

 이유 없이 며칠 봄비가
 꽃잎 다 떨구고
 그늘 속에 숨었던 지네들이
 스멀스멀 베개로 기어 나오는 건
 당신이 밤마다 주문을 외웠기 때문이죠
 커다란 냄비에 슬픔 가득 붓고
 분노 한 스푼
 당신의 저주가 너무 독해
 매일 술만 마셔요
 나도 알아요
 당신은 착하지 않지요

그래도 떠나지 못하는 건
또 언제 걸린 마법일까요
이제는 자유가 더 어색해요
오늘도 밤까지 비에 젖을 테니
내 심장을 꿰뚫는 긴 손톱으로
소주 한잔해요
―「초대」전문

그대의 새 시집에서 그대의 외로움은 마치 이 시에 나오는 "지네"처럼 그대의 삶 주위를, 아니 삶의 위를 기어 다니고 있는 것 같았어. 문득 나는 그대의 얼굴 위를 기어가는 고독의 "지네"를 보는 것도 같아. 이 시는 "당신"에게 말을 건네고 있어 일종의 연시처럼 느껴지기도 하는데, 연시는 언제나 사랑의 대상을 잃어버렸을 때, 그러면서도 그를 못 잊어 할 때 미학적으로 가장 강렬한 위치에 다다르지. 이 시에서 그대는 사랑의 "저주"에 시달리며 "슬픔"과 "분노"를 "술"로 삭히며 긴 밤을 새우고 있어.

그러니까 이번 그대의 새 시집은 이 처절한 외로움으로 쌓아 올린 시집인 듯해. 먼저 시집 『정선』이 귀향을 '기도한', 도시를 떠나, 다시, 새롭게 만나는 고향의 노래들로 이루어져 있다면, 이번 새 시집은 어느 면에서는 그 연장선에 있으면서도 귀향의 단계를 넘어, 어떤 존재론적 고독에 침잠하여 자연 그 자체와의 만남으로 나아가는 것 같아. 그런 '귀의'의 시집인 것 같아. 이런 그대의 고독이 가장 빛나게 아로새겨진 시가 하나 있어, 여기 옮겨 아 보네. 정선이 강의 고장이라면 이 시는 그대의 고독을 얼어붙은 정선 강에 실어 처절하고도 아름답게 노래하고 있어.

　내 안에 강이 있지
　지금은 얼어붙어
　흐르지 않는 강

　낙석이 길 막고
　돌아볼 때마다 얼어붙은 기억들이
　꽁꽁 묶어버렸지

　한숨이 쓸어가는 얼음판
　때로 쩡쩡 금이 가는 건
　어쩌다 네가 웃기 때문

　서걱대는 오늘도 웅크리고
　봄을 기다리네
　벗꽃 한 잎 떨어져
　나를 녹여주기를
　─「겨울 강」 전문

2

  그대의 시집 원고를 다 살피고 나니 생애 한 번밖에 가 보지 못한 곳이건만, 정선이 그렇게 가까워 보일 수 없었어. 산 설고 물 설다고, 그대의 시집에는 나 모르는 곳이 왜 이리 많은지, 처음에는 많이 놀랐다네. 그래, 모르는 땅 이름, 산 이름, 물 이름 나오면 구글을 찾아보고, 아하, 여기구나, 이런 곳이로구나, 했어. 그러다 주문해놓은 그대의 먼저 시집 『정선』이 도착했고, 그제서야, 지리 감각, 방향 감각 같은 게 조금씩 잡히는 것도 같았어. 이번 새 시집에서도 그대는 정선 곳곳을 알뜰히도 거두어 노래로 변전시켜 놓았더군.

  예를 들어, '처녀치마길'은 그대 사는 정선 백운산 마천봉 1,426m 오르는 길이더군(「처녀치마길」). '하늘길'은 정선 고한의 백운산 정상 위에 펼쳐진 길이었고(「하늘길을 위하여」). 정선에는, 그대가 어렸을 적에 놀던 곳에는 이만 오천 년 전 사람들이 살던 '매둔 동굴'이 있고(「매둔 동굴」), 송천 넘어 아우라지 상류로 거슬러 올라가면 폐광이 된 탄광들이 모여 있는 구절리도 있어(「구절리」). 시집 끄트머리에 실린, 팔순 노모를 잃어 어렸을 적 친구들을 불러들인 '이종선' 씨도 그대의 오랜 친구였겠지(「황천」).

  '여량'은 정선읍 옆에, 북평 옆에 동네이고, 그곳 '주례

마을', '아우라지 장터'를 나는 이제껏 한 번도 마음에 못 들여놓은 것 같아. 아우라지 정선의 본진 같은 곳인데도 말야(「내 안의 오랍뜰」, 「여량」, 「여량 아리랑」). 그곳 '쌍둥이네' 집에 가면 남편이 강에 나가 산도 강도 바람도 돌에 담아오면 아내가 그 돌을 "뭉근히 삶아" 감자탕도 해장국도 만든다는데, 여기서 이 돌은 대체 뭘까 한참 생각한다네. 아무래도 이 돌은 어떤 상징이어야 하겠어(「쌍둥이네」). 그대 시 가운데 또 여량이 있어 나는 그제야 여량 아우라지의 뜻을 헤아린다네.

  저 하늘이 이 땅을 만들 때 강이 필요하더니
  강 두 줄기 모아다 합쳐 아우라지 되었네

  정선에서도 여량은 논들이 모여 사는 곳
  아우라지 젖을 빨아 벼가 익어간다네

  방긋 웃는 하루 해는 종일 들을 비추고
  집집마다 쌀이 가득 인심도 가득하다네

  산 좋고 물 좋은데 사람도 아니 좋을까
  여기저기 고만 살피고 여량으로 오세요
  ―「여량」 전문

이 시의 '아우라지'는 그러니까 두 물줄기가 어우러진 다는 뜻이고, '골지천'과 '송천' 두 줄기 내가 어우러져 한강 본류로 이어지는 '조양강'을 이룬다는 것이야. 그러니 땅 좋고 물 좋아 논농사조차 지을 수 있겠더군. 그대는 고향의 심상들을 알뜰히도 모아놓았어. '콧등치기'라는 말이 하도 맛깔스러워, 나는 그대의 그 시를 읽고 또 읽어봤지.

　　정선 여탄 강 구비 한 필 베어내
　　읍내로 이사 온 성길이 엄마는
　　평생처럼 모질게 밀어온
　　메밀을 반죽해 된장 국물에 끓였지
　　새벽부터 늦은 밤까지 꺼지지 않는 아궁이가
　　작고 얼굴이 흰 성길이를 학교로 보냈어
　　후루룩 힘껏 빨아들이면 끊어져
　　콧등을 탁 치는 세상은 국수 같아
　　먹어도 먹어도 배가 고프네
　　온 밤을 소주로 적시고 떨어진 별처럼
　　속 쓰린 사내들이 들어서면
　　땀과 눈물과 콧물로
　　간을 헹구고 뇌를 씻어주던
　　콧등 한 대 제대로 맞아 정신 차리는 새벽
　　우리는 공깃밥 한 그릇 마저 말아먹고서
　　다시 하늘로 올라가지

종일 떨어지는 어둠 캐내려
역전 동광식당 콧등치기 한 그릇에
벌개진 얼굴을 하고서
새 아침이 되지
―「콧등치기」 전문

이 시를 읽으며 나는 '콧등치기 국수'의 메밀 면발이 '귀신고래'의 억센 꼬리가 되어 내 콧등을 탁, 하고 치고 가는 깊은 충격을 함께 느꼈어. 또, 그대가 쓴 시 중에는 정선 임계 하고도 고양리 얘기도 있어, 거기 그대의 불알친구 손호경 씨가 교회를 한다고도 했지. 찬양하는 가수는 그의 아내이고 부부가 같이 농사짓고 땀 흘리며 예배를 드린다고(「고양리 교회」). '그 나무'라는 제목에 붙인 최만헌이라는 이름도 필시 그대의 오랜 친구겠지. 나무와 관계 깊은. 태어날 때부터 그대와 그 친구가 속에 나무를 키운다고 했으니 말이야. 그는 어쩌면 나무 기르는 일을 업으로 삼은 친구인지도 모르겠네(「그 나무」).

그리고, 그대의 시 가운데에는 '수마노탑'이라는 것도 있었어. 정암사 적멸보궁 뒤 산비탈에 세운 일곱 층짜리 모전 석탑. 벽돌 모양으로 쌓아 올린 탑 말야. 그대의 시를 읽어보면 필시 깊은 사연이 얽혀 있는 듯했어.

탑은 절벽 위에 서 있다
바위에 일곱 층 우주가 포개졌으니
발아래 지장천 온몸 내던져
지옥을 뚫고 가고
머리 위 함백산 세상 밝히는구나
만항재 오가며 눈이 붉어진 사람들
열목어처럼 정암사에 깃들어
다시는 만나지 못할 인연들
쨍그랑 쨍그랑 풍경에 걸리고
사랑은 언제나 가슴 찌르며 서 있으니
그대 절하며 소멸을 물으면
천만년 파도로 뭉친 돌인 양
말없이 정한 눈물로 씻겨주리
—「수마노탑」전문

찾아보니, '수마노탑'은 마노석으로 만든 탑이라 하고, '수마노'(水瑪瑙)란 용궁에서 나왔다는 푸른 마노석을 뜻한다고 하데. 이 탑은 국보이고 부처님 진신사리를 모셔놓은 탑이라고도 하고. 정선 정암사에 있는데, 옛날에 자장율사가 당나라에서 돌아오는 길에 용왕에게서 마노석을 받아서 이 탑을 세웠다던가?

어쩌면 그대는 그렇게 살뜰히도 그대의 사는 곳을 하나하나 노래로 바꾸어놓았더란 말인가? 그대는 일견 거친 사내인 것 같은데도 어쩌면 이렇게도 섬세하고 정 많은 사내였더란 말인가? 나는 그대가 노래하는 정선의 강이며 산이며 절이며 교회들을, 음식점들을 하나하나 알뜰히 직접 가보지 않고도 따라다녀 본다네. 심지어는 '번영슈퍼'에까지도 들어가 본다니까(「번영슈퍼」). 그리고 생각해. 여름이 오면 꼭 그대의 영지, 그대가 노래로 가꾸어놓은 정선 곳곳으로 순례를 떠나보겠다고.

3
이번 그대의 새 시집 원고들 가운데 내가 아주 인상 깊게 본 대목들이 있어. 제2부, '정선아라리를 줍는 아침'에 실린 4음보격의 민요조 시들, 그러니까 「서시」를 비롯하여, 「고향」이라든가, 「귀양살이」, 「딱 천 년」, 「딸」, 「떼꾼」, 「마음 한 그루」, 「망명」, 「물봉선」, 「백정」, 「버들이 우는 밤」, 「사라진 여인」, 「산돼지 사냥」, 「여량」, 「이웃」, 「주인」 같은 시들이야.

나는 또 별수없이 어떻게든 그대가 가리키는 방향을 따라 우선 서둘러 유튜브로 '정선 아리랑'을 들어봐. 대학생 시절 연극반에 들어 민요 몇 가락은 배워보았고, 신나라 레코드 복각판으로 옛날 소리꾼들 소리 듣는 것도 즐겨 보았지만, 그게 다 언제야, 그대는 이 늦은 나이에 내게 메나리, 민요를 한 수 가르쳐주고 있다네.

누가 유튜브의 '정선 아리랑' 채널 댓글에 이렇게 써놓았더군. "산수가 깊고 아름다우면 한도 깊이 서린다 했지요. 땅이 가난하여 힘겨운 삶을 살았던 사람들의 한이 묻어납니다. 깊은 한을 맺지 못한 사람의 가슴에서 어찌 이런 소리가 나오겠는지요." 국사편찬위 한국사데이터베이스에도 들어가 도대체 이 '정선 아리랑' 연원은 어디서부터였는지도 한 번 찾아봤어. 이렇다 할 것은 잘 보이지 않았는데, 다만, "강원도 사람" 청오(青吳) 차상찬이, "황·평 양서(兩西)에는 수심가가 있고 전라·경상도에는 육자백이와 가야금이 있고 강원도에는 아리랑 타령이 있어 초동목수(樵童牧叟)라도 곳곳마다 노래를 한다." 했더군. 그는 또, 이렇게도 말했는데, 요즘 시속에서 여성 인물평은 환영받을 만하지는 않더군. "평창 정선을 보면 노변에서 매주(賣酒)하는 여자든지 산간에서 감자 캐는 여자든지 모두 혈색이 좋고도 백옥 같다. 이것은 아마 산수가 좋은 데다 영동처럼 해풍(海風)이 없는 까닭인가 보다."

사실, 민요에 대해서는 저 일제강점기 시인 노작 홍사용이 각별히 관심을 갖고 있었지. 그는 이렇게 멋지게도 민요를 풀이해놓았지.

'메나리'라 하는 보물! 한자로 쓰면 조선의 민요 그것이란다.

그 보물은 어느 때 어느 곳에서 생겨난 것이냐.

메나리는 글이 아니다. 말도 아니요 또 시도 아니다. 이 백성이 생기고 이 나라가 이룩될 때에 메나리도 저절로 따라 생긴 것이니, 그저 그 백성이 저절로 그럭저럭 속 깊이 간직해 가진 거룩한 넋일 뿐이다.

사람은 환경이 있다. 사람은 사람만이 사는 것이 아니라, 그 환경이라는 그것과 아울려서 한 데 산다. 그래서, 사람과 사람 사람과 환경은 서로서로 어느 사이인지도 모르게 낯익고 속 깊은 수작을 주고받고 하나니, 그 수작이 저절로 메나리라는 가락으로 되어버린다.

사람들의 고운 상상심과 극적 본능은, 저의 환경을 모다 얽어놓아 저의 한 세계를 만들어놓는다. 앞산 도령아 이리 오너라, 뒷내 각시 너도 가자, 날쌘 눈짓이 재빠르게 건너간다. 달콤한 '니삭다니'가, 무르녹아진다. 여기에서 한 낱의 이상하고도 그윽한 전설이 저절로 이룩해 지나니, 그 산과 그 물을 의인화해낼 때에, 그 가운데 쌓여 있는 이끼 서린 바위나 곰삭은 고목(古木)까지라도 한 마치의 훌륭한 '잡이'를 아니 맡겨줄 수가 없으며, 거기에서 한바탕의 신화 세계가 그럭저럭 이룩해 어우러진다. 그래서 늘어진 가락 재치는 가락이 서로 얽으러져 한마당의 굿노리판이 어울려지나니, 등장한 '잡이'꾼들은 제각기 과백(科白)으로 몇 마디의 메나리를 제 멋껏 불러본다.

그 토지와 그 사건을 교묘하게 얽어 뭉친 그 노래는, 깊은 인상을 지니고, 뒷세상, 오늘날까지, 입으로 입으로 불러 전해 내려왔다. 다만 입으로만 불러 전승해온 것이라, 묵고 오랜 만큼 그 모양과 뜻이 바뀌고 달라졌을지는 모르나, 그래도 그 속에 깊이 파묻혀 있는 넋은 바꾸어 넣을 수가 없으니까 조선이라는 한 붉은 땅덩이의 특색과 이취(異趣)는 어느 때든지 그대로 지니고 있으리라.

또 노래라는 것은 입으로 부르는 것이요, 글로 짓는 것이 아니매, 구태여 글씨로 적어 내려오지 못한 그것을 그리 탓할 까닭도 없다. 더구나 남달리 우리의 메나리는, 몇천 대 몇백 대 우리 조상의 영혼이 오랫동안 지니고 가꾸어올 때에, 그 시대마다 그 사람에게는 그대로 그것이 완성이 되었으리니, 그 줄거리가 시방도 한창 우리에게도 자라고 완성하며 있을 것이다. 무어 그리, 글로 기록하고, 말로 지껄이기야, 어려울 것이 있으랴마는 억만고(億萬古) 그동안을 이 나라 이 사람에게로, 거쳐 내려온 그것을 우리의 넋을, 넋두리를, 이 세상 어느 나라 무슨 글로든지 도무지 옮겨 쓸 수가 없을 것이라는 말이다.

— 노작,「민요 자랑—둘도 업는 보물, 특색 있는 예술, 조선은 메나리 나라」,『별건곤』, 1928.5, 171~172쪽.

참, 우리 민요의 의미와 가치를 이렇게나 잘 전달해주기도 어려울 것 같아. 그러니까 민요란 백성들의 노래요, 그네들의 사는 환경으로서의 자연과 그네들의 사연이 한

데 얽혀 이루어지는, 그네들의 '넋'의 노래라는 것이었어.

이렇게까지 생각해놓고 보면, 나는 그대가 한 사람의 시인이기를 떠나 '메나리'를 짓고 부르는 사람이 된 것이 무척이나 신기하고 반갑기만 해. 사실, 좋은 재능을 가진 시인은 많지만, 그가 얼마나 훌륭한 시인이 되는가는 그가 자신의 재능을 무엇을, 누구를 위해 용해시킬 수 있는가에 달려 있지. 나는 그렇게 믿어. 나 자신도 시를 쓰고 있기도 하지만, 시인이, 자신이 함께 살아가는 사람들로부터 멀어져 '마른 갈대'처럼 자기 영혼의 노래만을 부른다는 것은 어딘지 모르게 시의, 노래의 의미와 가치를 충분히 살려내지 못하는 것도 같아.

내 마음은 묵은 절처럼 벼랑에 앉아 졸다가
조양강 물결 위로 떼배 하나 띄우네

뱃사공아 길 좀 묻세 도원이 어디에 있는가
감자밭에 너와집 짓고 부모 형제 모시게

좋아서 나왔겠나 이 속상한 세상
갈 때까진 내 뜻대로 맘껏 살아보리리

내 사랑은 흘러 흘러 서울 바다로 가고요

이내 몸은 산을 넘어서 은하수로 떠나요
―「서시」 전문

  그대는 「서시」에서 이렇게 노래 불렀어. 여기서 '서시'란 그대가 부르고자 하는 '정선 아리랑' 연작들의 서시겠지. 정선에 살아 정선의 넋을 찾고 그 넋이 씌운 그대는 '정선 아리랑' 민요 가락에 그대의 노래를 바치고 싶었던 거지. 그렇게 해서 앞에서 열거한 그대의 '정선 아리랑' 시들이 탄생한 거지. 정선에 살아 절로 익힌 4음보 민요 가락에 그대가 홀로 그대가 아닌 듯, 뭇사람들의 삶의 사연에 그대를 '묻어' 실은 노래들을 실어놓은 것이지.

  이 노래들 속에서 '나'는 다만 한 사람의 파편으로서의 개체가 아니요, 혼자는 살고 죽고 짧은 이승을 살다 가네만, '나'를 이루는 '우리'는 이 땅과 이 강과 이 산을 따라 저 먼 윗사람들로부터 저 아득히 먼 후손들에게도 강물처럼 면면히 흘러가는 것이겠지.
  그런 메나리 노래 같은 삶의 전승 속에서는 그대의 가슴 아픈 이승의 시들,「영이별」,「이별 노래」,「이별사」 같은 허무와, 우리는 반드시 죽을 수밖에 없다는, 그러면서도 그 삶을 살아내야 한다는 '부조리'의 미학도 어쩌면 끝내는 극복되는 것인지도 모르지.

  또, 그렇다 해도 나는 이 시집에서 가장 아름다운 시들의 하나가 바로 금방 열거한 몇 편의 이별의 노래라는 것은 부인할 수 없어. 인간은 아무리 그 집합적 생명이 어제에서 내일로 흘러간다 해도 끝내 '나'의 죽음을 면할 수 없음이 필지의 사실이니까. 바로 이 '죽음'과 '이별'을 절감하고 있는 데서 그대의 현대 시인으로서의, 비극의 인식도 존재하는 것이겠지. 위의 세 편의 시들 가운데 한 편을 그 증빙으로 여기에 남겨두고자 해.

  이승이면 가망이라도 있겠지
  음나무 이편과 저편
  귀신이라도 볼 수 있겠지

  미련이 백발 되도록
  끊어지지 않는 건 강물뿐

  지하로 스며 흘러
  십팔 층 불지옥을 지나간다 해도
  한 번은 만날 줄 알았지

  입이 굳고 뇌가 멈춰
  할 말 못 한다 해도

내가 아는 우주
어디에도 없는 당신
이제 걸음을 멈추네
영이별인 줄 알겠네
이번 생에만
―「영이별」 전문

이 시는 "당신"을 이 세상 너머로 떠나보내는 이별의 노래이고, 슬픈 정한의 노래인데, 예전에 어떤 시인은 이 세계를 넘어선 저 세계를 "유계(幽界)"라 부르면서 "유계"를 아는 시인이어야 한다고 했었지. "소멸"(「이별사」)을 노래한 그대의 시들에서 나는 그대의 근원적인 슬픔을 엿보는 것도 같아.

4

이제 나는 시인으로서의 그대를, 그대라는 존재를 헤아려보게 하는 몇 편의 시들에 눈을 돌려보려 해. 나는 지난 십 년 동안 이 혼탁, 혼란한 세계를 어떻게 헤쳐 나가야 할지 몰라 무척 방황해왔어. 일종의 정신적 방황, 삶의 이정표를 갖지 못한 사람의 갈팡질팡이었지.

이런 시대에 시는 어떻게 존재할 수 있는 걸까? 시인은 어떻게 시를 써나가야 할까? 하는 질문들이 방황하는 마음속에 늘 서 있었어. 이런 생각도 해보았어. 옛날 조선 후기 정조 때였던가, 그때 '옥계시사'라고도 하고 '송석원시사'라고도 해서, 천수경(千壽慶)이라는 인물이 중심이 된 '시사'(詩社) 운동이 있었다는데, 이들은 세상 돌아가는 일에 오불관언(吾不關焉) 오로지 함께 모여 시를 짓고 노니는 일에 매달렸다고 했어. 나는 그런 시인들, 시인들의 모임 같은 것이 정말 오늘에 있어야 한다고 생각도 해보았어. 나 자신은 세상의 소용돌이에서 벗어날 수 없는 체질의 사람이지만, 어딘가는 그런 시인과, 그런 시인들의 모임이 있어야 한다고 생각했어.

그대가 보내온 시 원고 뭉치를 손에 들고 나는 '전윤호'라는 시인에 대해 생각했어. 그는 어느 순간 혼탁, 혼란스러운 도시에서 훌쩍 떠나 '멀리' 정선 땅 고향으로 돌아가 세상일에는 아무 관련 없는 듯 시를 일구는 삶을 살아온 것이더군. 그런 그대의 존재 방식을 잘 표상해주는 시가 있었어.

내 손목시계는 안 맞는다
시간도 틀리고

날짜도 요일도 제멋대로다
매일 아침 바늘을 맞추고
요일과 날짜를 고친다
그나마 차고 있지 않으면 멈추는
서툰 시계
숫자가 따박따박 초 단위까지 나오는
전자시계도 있고
틀릴 걱정 없는 휴대폰도 있지만
아기처럼 매일 고쳐주고 흔들어줘야 한다
너와의 약속을 한 시간 빨리 돌리고
막차 시간은 한 시간 늦추는 사람에겐
얼마나 소중한지
맘대로 차고 다니는
내 손목시계가 좋다
―「내 시계」 전문

이 시를 읽으며 나는 옛날 작가 채만식의 중편소설 「냉동어」(『인문평론』, 1940.4~5)에 등장하는 남자와 여자 주인공을 생각했어. 대영은 조선인 작가이고 스미코는 일본 여자인데, 둘 다 한 시대를 풍미한 사상운동에 연루된 기억을 안고 있어. 일본에서 좌익운동을 하던 조선 남자를 사랑했다 상처를 입은 스미코가 자신이 사랑했던 남자의 나라는 어떤 곳인지 알고 싶어 현해탄 바다를 건너왔어.

서울 거리를 안내해줄 사람을 소개받았는데 그게 바로 왕년의 중견작가 대영이었어. 이제 나이 차이가 꽤 나는 두 사람이 겨울의 종로 거리를 걸어. 대영이 자기를 가리켜 "묵은 책력"이라 하자 스미코는 그러면 자기는 "안 맞는 시계"라고 응수하지. 그 겨울 며칠 동안 갇힌 삶, 희망 없는 체제에서의 탈주를 꿈꾸는 두 사람의 이야기가 참 안쓰럽기도 하지.

  그랬는데. 이제 그대의 시에서 자기 자신만의 "안 맞는" "손목시계"를 차고 마음에 들어하며 새 시계로 바꿀 생각을 하지 않는 어떤 사람을 만난 거지. 그 사내는 시간, 날짜, 요일 전부 제멋대로, 심지어는 가다가 멈춰버리기도 하는 오래된 시계를 버릴 생각이 없어. 존재마다, 사람마다 시간이 다르다는 상대성 원리를 생각할 것도 없이 그대는 세상의 흐름과는 다른 시간을 살기로 작정한 사람인 거지. "안 맞는" 시계를 손목에 차고 자기만의 삶의 시간을 살아가는 그대는 어딘지 모르게 혼탁, 혼란스럽고, 그래서 비루하기만 한 이 세계의 고민을 훌쩍 뛰어넘는 차원의 시인 같아 보여. 지금 우리 세상에 시인 이름을 가진 사람 참 많지만 그대처럼 시속에 시계를 맞추지 않으려는 고집스러운 시인은 아주 드문 법이지. 다음의 시는 그런 사람만이 쓸 수 있는, 한껏 호사스럽고 사치스러운 그대만의 '시간'의 시이겠지.

달을 후원하여
창가에 화분을 놓고
의자도 준비했습니다
구름에 가린 달이
보이지 않을 때도
의심한 적은 없지요
보름이면 환한 자리가
집안에 생기고
마을도 반짝입니다
때로 바람이 시기해도
달은 꽃을 지켜
이 밤도 외로운 사내가
당신 생각에
술잔을 기울입니다
─「밤노래」전문

이렇게 아름다운 달밤의 노래뿐 아니라 그대는 이 시간을 과거와 미래로 길게 늘여 이승의 '찰나'의 삶을 유장한 두루마리 시간으로 전변시키는 법도 알고 있었어.

불 옆에서 사슴을 구으며 너에게 물었지
내일은 호랑이를 잡아줄까

이만 오천 년 전
우리 동굴은 높고 넓어
지금보다 별이 많이 보이던 밤이었지만
네 눈동자에 일렁이는 불꽃보다 밝지 않았네

곰의 뼈를 갈아 작살을 만들면서
내일은 강에서 물고기를 잡겠다 했지만
그물을 빠져나가는 눈치처럼
너는 항상 팔보다 멀리 있더군
마음은 강 따라 멀리 내려간 뒤였네
일만 오천 년 동안 짝사랑이었지

이제 동굴은 묘지가 되고
가족들을 차례차례 묻었지만
고인돌 위로 뜨는 삼천 년 전 달을
여전히 혼자 바라보았네

이제 낙동리에는 가수리 가는 길이 닦이고
우리가 어름치 잡던 강은 지장천이 되었지만
나는 여전히 기다리네
우리들의 집 매둔 동굴에서
너와 함께 불 을 지필 날을
밤하늘의 별보다 반짝이던 네 눈동자를
―「매둔 동굴」 전문

이런 긴 시간의 시는 그대같이 "안 맞는" 시계를 즐겨 차고 있는 사람 아니면 쓸 수 없을 것 같아. 그대는 현대의 시인이며 동시에 저 선사시대를 함께 살아가는 시인이었던 거지. 그대는 "달콤한 소멸"을 인식하면서도(「불멍」), "아우라지 별빛" 총총한 하늘 아래서 "삼천 년의 잠"을 자고(「삼천 년의 잠」), 이승과 유계를 가르는 깊은 '강'에 촉수를 드리우며(「영이별」, 「이별 노래」, 「이별사」), 아침이 오면 거리에 나가 "정선 아라리"를 줍고(「정선 아라리를 줍는 아침」), 무시로 어떤 사연이든 시로 옮겨가며(「불온한 필경사」), 시를 판 돈이 푼돈이 되는 곳 아닌 라오스의 낙원 '시판돈'이나, "하늘고기"를 낚을 수 있는 파미르고원 닮은 아름다운 세상을 꿈꿔(「시판돈」, 「하늘고기」). 그대의 손님이자 친구는 "슬픔"이며 "침묵"이고(「애완동물」), 그대의 시는 "별을 닮은 시들"을 쓰려는 고집스러운 집념의 산물이지(「호야」). 또 그대는 화장실에서 "해탈"을 얻을 수 있는 유머의 시인이고(「두루마리사」), 탐욕과 약탈 가득한 현생 지구와는 다른 세계를 꿈꾸는 고독한 유토피아주의자야(「지구인」).

  지금 이 글의 마지막 대목을 쓰고 있는 한밤, 새로 한 시 삼십 분. 나는 오늘만은 편히 잠들어 있어야 할 그대의 베갯머리 밑으로 고독한 "지네"가 기어가고 있는 것은 아닐까 걱정해. 그대의 시들을 읽어보면 정선은 참 아늑하고 정 많은 곳이지만, 한 번 도시로 나가 험한 바람을 맛볼 만큼 맛본 그대에게 아우라지 정선 땅은 또 얼마나 위태로운 곳일까. 미국의 모더니즘 작가 토머스 울프가 쓴 장편소설 『그대 다시는 고향에 가지 못하리』(You can't go home again, 1940)의 주인공처럼 그대는 차라리 뉴욕의 브루클린을 닮은 서울의 어느 반지하방에서 고독한 자기 세계를 일구고 있어야 했던 것은 아닐까? 고향도 옛날의 고향과 같은 고향은 어디에도 없을 이 시대니 말이야. 그러나, 아니겠지. 재귀(再歸)한다는 것, 다시 돌아간다는 것, 이를 위해 애써 몸부림친다는 것은 분명 이 동시대의 혼탁과 혼란, 탐욕과 약탈을 향한 최후의 항거의 몸짓일 테지. 이렇게 희유한 길을 선택하고 또 고집하는 데서 그대는 값진 시인으로 존재 증명을 이루는 것이겠지.

이 메마른 봄이 다 가고 긴 장마 끝에 환한 여름이 오면 나도 그대 사는 정선에 가려네. 그대를 만나러, 그대의 노래가 된 정선들을 만나러. 그때까지 부디 안녕히 계시기를. 이제 우리도 하룻밤 사이 안부를 물어야 할 사람들이 되었어.

2025년 4월 28일 새벽에
도쿄에서 사귄 친구 쓰다

달아실에서 펴낸 전윤호의 시집들

시집 『순수의 시대』 (2017)

시집 『정선』 (2017), 편운문학상 수상 시집

달아실시선 91

사랑의 환율

1판 1쇄 발행	2025년 5월 25일
1판 2쇄 발행	2025년 6월 6일

지은이	전윤호
발행인	윤미소
발행처	(주)달아실출판사

책임편집	박제영
기획위원	박정대, 이홍섭, 전윤호
편집위원	김선순, 이나래
디자인	전부다
법률자문	김용진, 이종진

주소	강원도 춘천시 춘천로 257, 2층
전화	033-241-7661
팩스	033-241-7662
이메일	dalasilmoongo@naver.com
출판등록	2016년 12월 30일 제494호

ⓒ 전윤호, 2025
ISBN 979-11-7207-053-3 03810

이 책의 일부 또는 전부를 재사용하려면 반드시 저작권자와 (주)달아실출판사 양측의 동의를 얻어야 합니다.

* 잘못된 책은 구입한 곳에서 바꿔드립니다.
* 책값은 뒤표지에 표시되어 있습니다.